AF359494

CHANSONS

DE L'ORDRE DE

L'ADOPTION

OU LA

MAÇONNERIE DES FEMMES

Dediées aux Sœurs de la fraternité Répan-
dües fur la furface de la Terre: par les
Freres * * * * *.

*Avec un Difcours préliminaire fur l'Etablif-
fement de l'ordre, prononcé le jour de l'ou-
verture, & de la conftitution de la
grande Loge à la Haye.*

Le prix un Florin

Au temple de l'Union.

Le premier May 1751

A LA HAYE.

DISCOURS

Fait par le Venerable Frere

DE SAINT ETIENNE

Deputé Maitre de la grande Loge

D'ADOPTION.

Le 1e. de May 1751. Jour de l'Etabliſſement de la ditte Societé.

Es Diverſes paſſions, comme L'avaine gloire, l'ambition Imperieuſe, & l'amour propre de ſoi même, ayant ſçu par ſucceſſion d'age, s'introduire dans le cœur de l'Homme: à meſure que l'intelligence ſuprême, lui à dévelopé, les ſciences, & les ſecrets de la Nature, au lieu & place, des perfections que le créateur lui avoit douées: Ces mêmes paſſions,

A 2

ont

ont aussi produit dans diverses nations, une ignorance profonde, sur la verité des principes, qui demontrent s'y clairement la redevance de leur être, & la gratitude qu'elles doivent en avoir à celui, qui en est le premier moteur: C'est aussi, ce même aveuglement, qui à conduit des milliers d'hommes, à ne pas croire, que la femme a été formée, pour être leur Compagne fidelle, le partage de la felicité, l'agrement de leurs actions: Et un des plus beaux ornements, qui soit admis, dans la classe des perfections de la Nature.

Les insensés qui ont abandonné l'amitié qu'ils devoient par le droit de naissance à la femme, pour consacrer leurs jours, & leurs œuvres: à des Divinités chimeriques: ou plutôt des passions outrées qui ne devoient leur création: qu'à leur imagination égarée : malgré leur profond savoir, ils n'apercevoient pas sans doute, que leur propre Bonheur ne les fuyoit qu'autant, qu'ils s'éloignoient du point, qui rapelle tous les hommes *au Centre*: c'est-à-dire, du Tableau que nous trouvons dans la vraye nature, qui seul, peut mieux, nous instruire, que toutes les recherches. Et inventions humaimaines ; les uns, ne se sont occupés, que de conquêtes. lauriers, victoires, & grandeurs, pour repaitre une soif ardente qui ne conduit qu'au précipice de l'ambition. Les autres, d'une sévere philosophie qui n'avoit son merite ses agrémens, & ses appas, que quand ils se bannissoient de la Société humaine, pour médire à leur aise, dans une Caverne, ou sur un Rocher, du reste des Créatures, leur Esprit ne se distinguoit, & n'étoit connu, que par le nombre des écartemens, qu'ils commettoient contre la raison.

Ce n'est pas dans l'éloignement, qu'il faut donner des leçons sensibles, aux hommes ; c'est dans leur République : qu'il faut lever la voix par des *Exemples*. Quoique cet aveuglement, aïe été assez général, il s'est réservé sur la Terre, une petite parcelle, de ces *Citoyens*, distingués, & connus, sous le nom de *Maçons*, amis parfaits, compatriotes fidelles, & gardiens du temple de la Vertu, & de la verité : Lesquels par une sage discretion, dans la pratique de leurs œuvres, ont seuls conservé la defference, & l'amitié, qui est duë à la parfaite compagne de l'homme.

Si

Si l'écoullement de plufieurs Siécles,
s'eft fait, fans qu'on aïe connu la raifon
qui engageoit les maçons, à ne point
admettre leurs Epoufes dans leurs loges:
la faute n'eft point reverffible fur eux: la
caufe, n'en peut être attribuée qu'à l'i-
gnorance des tems, qui n'ont pas déve-
loppé en un feul jour aux hommes: toutes les beautés, & toute l'étendue, des
fecrets que le grand *Architecte de l'univers*
a renfermés dans la nature: fi l'admif-
fion de leurs perfonnes, n'étoit pas dans
leur travail: Ils ne manquoient cepen-
dant pas, de leur payer un tribut, qu'ils
défignoient dans la réception de leurs jeu-
nes freres, par une paire de gans qu'ils
lui donnoient, & qu'ils confacroient à
celle qu'il avoit legitimement adoptée, &
maçonnée, felon les loix; ou celle qu'il
cheriffoit le mieux.

Preuve convaincante, que l'oubli, ni
le mépris, ne guidoit pas l'éfprit des maçons pour le fexe féminin, au contraire,
un hommage pur, conftant, & fincere,
s'exprimoit formellement par la candeur
& l'eftime qui étoit conçûe & renfermée
fous miftére, dans cette paire de gans
qu'on deftinoit pour fon ufage: ce fimbol-
le n'étoit pas le feul prix, de l'homage,

que

que les maçons rendoient dans leur loges à leur parfaite moitié, une santé confacrée qu'on portoit en fa faveur, dans les libations & repas, annonçoit encore l'épanchement d'un cœur, dont la tendreſſe pour la perſonne chérie & aimée, en guidoit le mouvement : des marques auſſi fenfibles juſtifie la droiture de leurs actions, & révoque le foupçon qu'injuſtement on leur avoit apliqué.

Il n'étoit reſervé qu'aux jours heureux, qui nous éclairent de découvrir la poſſibilité de réunir les deux fexes dans nos loges. La lumiere s'eſt enfin introduite dans les éfpaces qu'occupoient les ténébres ; nos profondes études dans l'art de la maçonnerie, nous ont aidé, à trouver le vrai moyen de perfectionner nos édifices, c'eſt par le fecours de nos fœurs, qui ont aporté avec elles, un cœur ! qui renferme les cinq colonnes de notre ordre ! *Vertu, Silence, Charité, Fidélité, & Temperance , Colonnes !* que nos férieuſes aplications cherchoient avec foin, & qu'elles ne trouvoient pas, pour foutenir, & fervir de Baze à ce temple célébre, *l'Ecole des mœurs, le temple des Vertus* que nous batiſſons.

Reconnoiſſons en cela mes freres, & fœurs, la perfection de l'intelligence qui

guide toutes chofes : d'avoir Choifi, l'aï-
mant de nos defirs, le Cœur de nos maçon-
nes pour renfermer l'objet de nos recherches.

La Nature fans être ingrate, fe plai-
foit à nous voir languir fous le poids ac-
cablant de la Maffe de nos Batiments, qui
n'attendoient que leurs cinq points d'apuï :
Et nos intelligences foiblement éclairées
l'accufoient de nous refufer le fecours que
nous avions befoin : Il falloit nous accu-
fer nous mêmes de notre féverité : C'eft
par la réforme de fes propres vices qu'on
diminue le nombre de fes ennemis. Il falloit adopter dans nos loges, *le Sexe* que
nous en banniffions fi injuftement, mal-
heureufe ignorance *!* ce n'étoit pas, par
l'écartement Eternel de leurs perfonnes,
que nous pouvions réuffir a trouver ce
cœur, tant recherché parmi nous, Et fi
rempli de Mifteres.

Heureufe Adoption ! qui nous la procuré,
& decouvert. Les jours ne ferons plus
comptés, que par des moments de Douceurs, & d'agremens : heureux font les
maçons ! puifqu'ils peuvent en goutter les
délices, & que déformais, ils aprendront
à lire *Les loix, & les régles de la maçon-*
nerie, dans le Cœur de leurs maçonns :

CHAN-

CHANSONS

DE L'ORDRE DE

L'ADOPTION

OU LA

MAÇONNERIE DES FEMMES.

Marche des Maçons à la Louange DU RES-
PECTABLE GRAND MAITRE *de*
l'ordre par le frere CORBIN.

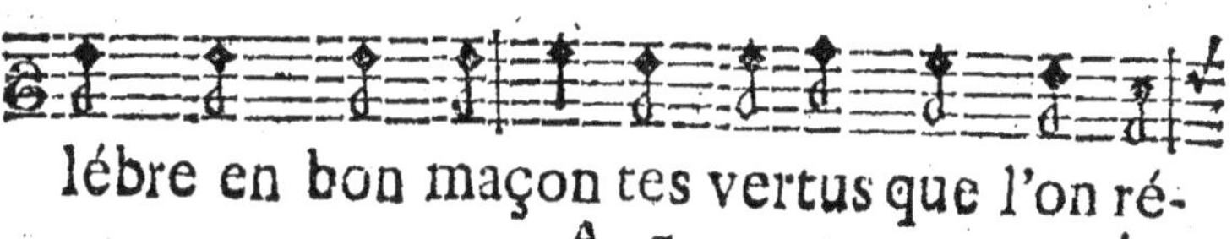

A 5   vére,

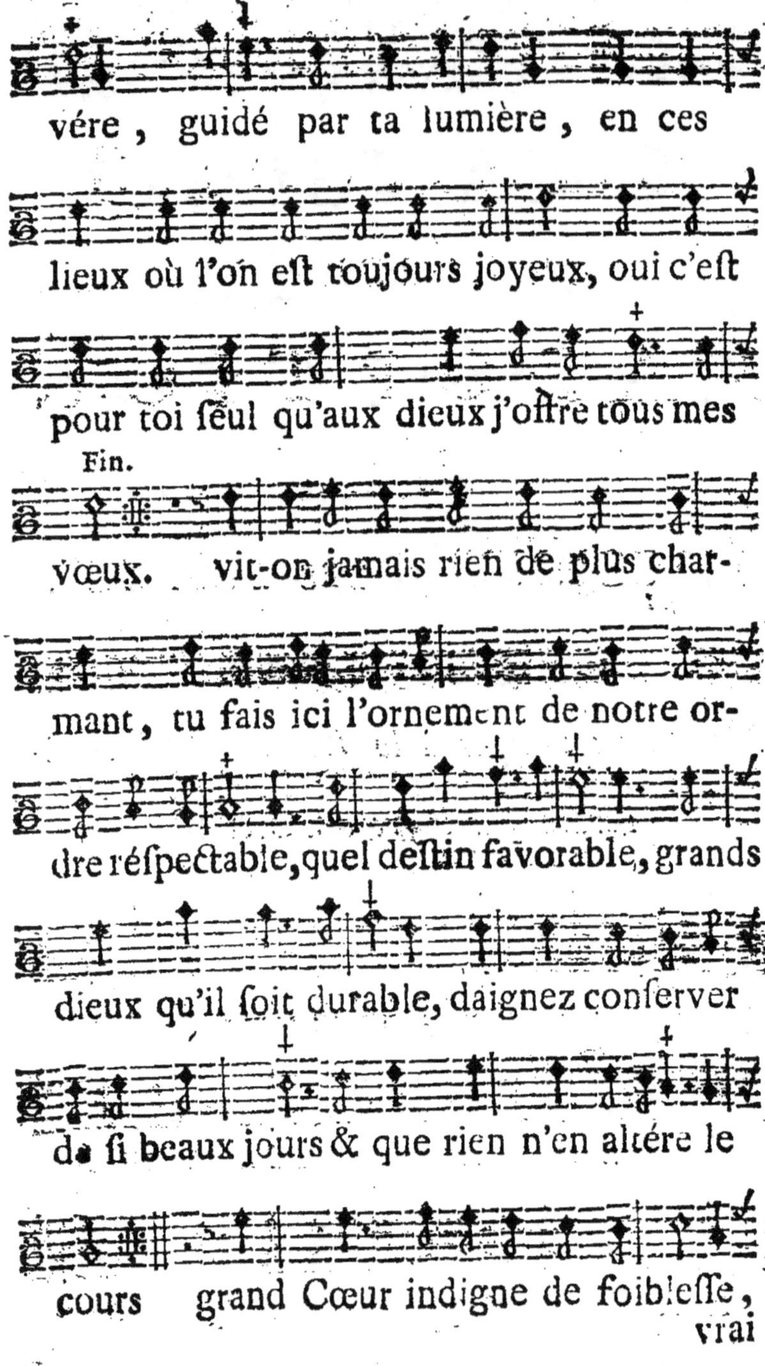

vére , guidé par ta lumière , en ces
lieux où l'on est toujours joyeux, oui c'est
pour toi seul qu'aux dieux j'offre tous mes
Fin.
vœux. vit-on jamais rien de plus charmant, tu fais ici l'ornement de notre ordre réspectable, quel destin favorable, grands
dieux qu'il soit durable, daignez conserver
de si beaux jours & que rien n'en altére le
cours grand Cœur indigne de foiblesse,
vrai

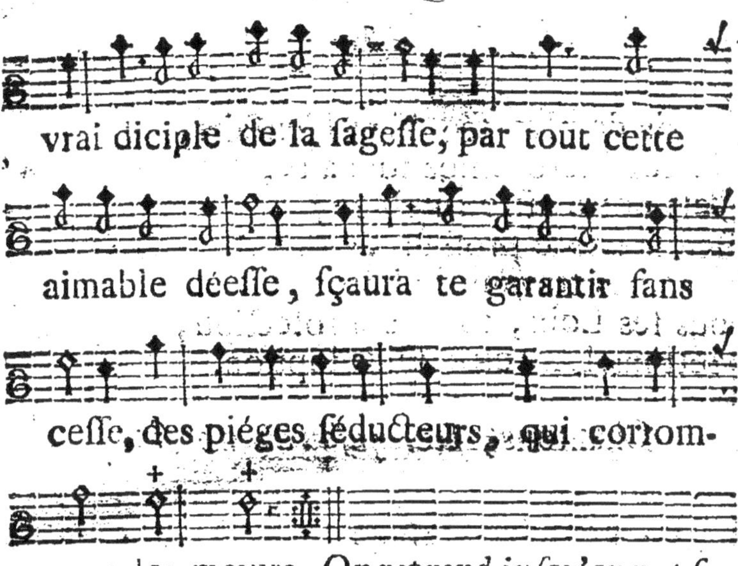

pent les mœurs. *On reprend juſqu'au mot fin.*

Même Marche auſſi dédiée AU GRAND
MAITRE *par le frere* PAR-
MENTIER.

Chantons tous, ſœurs, & freres,
Célébrons
La douceur que nous goûtons;
L'aſtre des Parfaits maçons
Vient protéger nos miſtéres.
Homage a Ses lumières,
La faveur
Que nous fait ce bienfaicteur,
Fait l'Eloge de ſon cœur,
Et notre bonheur.　　　*(fin.)*

Chantons, &c. *juſqu'au mot fin.*

Ja.

Jamais de plus féduifant bienfaits,
Ne combleront nos fouhaits,
C'eft notre aftre tutelaire;
Que fa bonté profpére,
Tous nos travaux Eclaire;
Sous fes Loix, fous fa Protection,
Mettons L'ARCHE de l'adoption.

Chantons, &c. *jufqu'au mot fin.*

Sous ce guide prudent & fage;
La vertu n'eft jamais fauvage;
Tous les attributs du bel age,
En font le riant apanage;
Sa main feme des fleurs,
Sous fes apas flateurs.

Chantons tous, &c. *jufqu'au mot fin.*

CHAN·

CHANSON

Dédiée au VENERABLE FRERE DE St. ETIENNE *Député maitre de la grande loge. par Frere* CORBIN.

Agrées

Agréés très aimables sœurs,
Nos vœux & nos tendres hommages;
Regnés à jamais sur nos cœurs,
Honorés les de vos suffrages:
Accordés belles à nos voix,
L'honneur de vivre sous vos Loix.

Pour jouir des plus doux plaisirs
De cet ordre que l'on Révere.
Il faut que les mêmes desirs
Agittent la sœur, & le frere:
Et que les plus aimables nœuds
Ne fassent par tout, qu'un des deux.

Très dignes sœurs nous espérons
De voir notre attente remplie
Et que par vous des bons maçons
La coutume sera suivie
C'est là l'unique intention
Du Maitre de l'ADOPTION:

Tous à l'envi faisons des vœux
Pour ce très VENERABLE Maitre

Que

Que l'on doit s'estimer heureux,
Quand-on parvient a le connoître
Observons toujours ses leçons
Et nous serons tous bons maçons.

A U-

AUTRE

par Frere **PARMENTIER:**

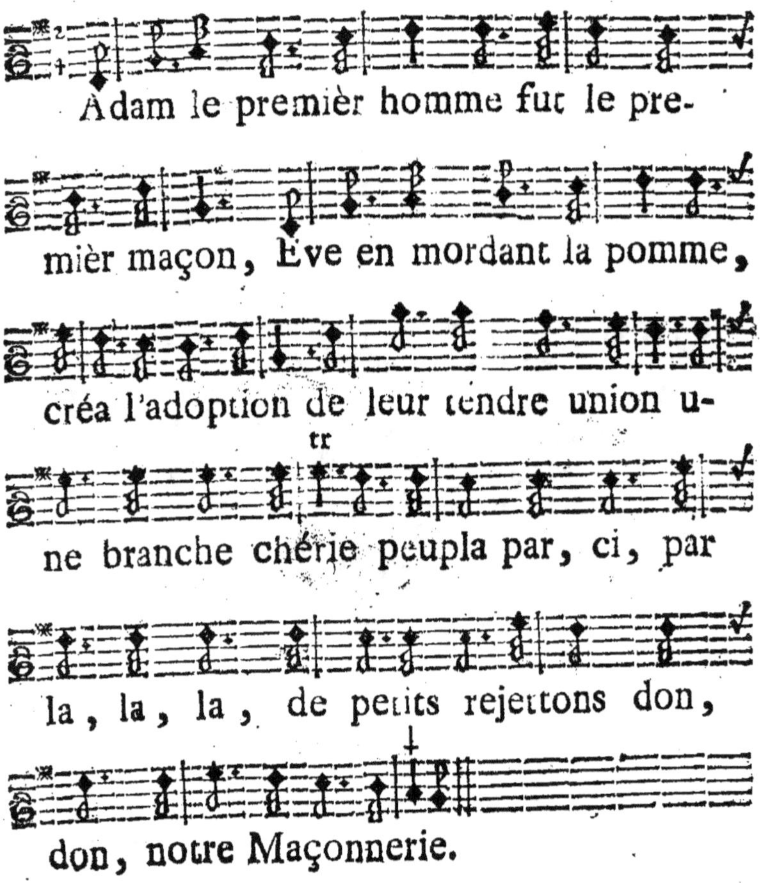

S A:

SALOMON notre Maitre,
Les mit a l'attelier;
Et pour les reconnoitre,
Et les mieux rallier;
Sa prudence inventa,
Dans notre coterie;
Mots, fignes, & cœtera, la, la ;
Tous les fecrets, dictons, don, don,
De la maçonnerie.

CE GRAND PRINCE eut la Gloire
D'elever par nos mains;
Un temple en la memoire,
Du MAITRE des humains:
Des rigoureux deftins,
Il devint la furie;
Ce beau temple tomba, la, la;
Mais nous le relevons, don, don;
Dans la maçonnerie.

Prenons donc nos truelles.
Et conftruifons mes fœurs;
En mémoire des belles,
Un temple dans nos cœurs;
C'eft a vos yeux vainqueurs;

B

Qu'on

Qu'on peut fans flatterie ;
Rendre cet honneur, la, la, la ;
Ce font les vrais patrons, don, don ;
De la maçonnerie.

De l'amoureufe yvreffe
S'y par fois l'aiguillon,
Interrompt la Sageffe,
De notre ADOPTION ;
Se pendre pour cela,
Seroit grande folie ;
Il faut par ci par la, la, la ;
Egayer l'union, don, don ;
De la maçonnerie.

Qu'un

A U T R E

par Frere CORBIN.

Qu'un

Qu'un peuple ignorant, & vulgaire,
Sans les connoître ofe blamer nos mœurs ;
Quel tort cela nous peut il faire,
Nous devons rire de telles erreurs :
Sans apréhender le Dicton ;
    Dans ce beau jour,
     Chantons tour à tour,
Les charmes de l'ADOPTION.

Sous fes Loix les plaifirs qu'on goûte,
De Minerve en tous lieux fuivent les pas ;
Quiconque entre dans cette routte,
Eft affuré de ne s'égarer pas :
La vertu-dicte la leçon,
    des freres & fœurs,
     Et régle les mœurs,
De notre aimable ADOPTION.

Eft il, de bonheur préférable,
Aux biens parfaits, que nous offrent ces lieux ;
Dans leur fein, tout eft admirable,
Un nouveau jour, vient briller a nos yeux :
Et le flambeau de la Raifon,
    Guide nos defirs,
     Conduit nos plaifirs,
Dans L'ARCHE DE L'ADOPTION.
                  Que

Que le silence, & le miftere,
Soient obfervés dans nos plus doux Ebats;
Qu'en tous Lieux la Sœur & le frere,
Agiffent par l'Equerre, & le compas:
Et qu'une parfaitte union,
        Nous enchaine tous,
        Malgré les jaloux,
Sous les Loix de l'ADOPTION.

AU.

A U T R E

Par Frere PARMENTIER.

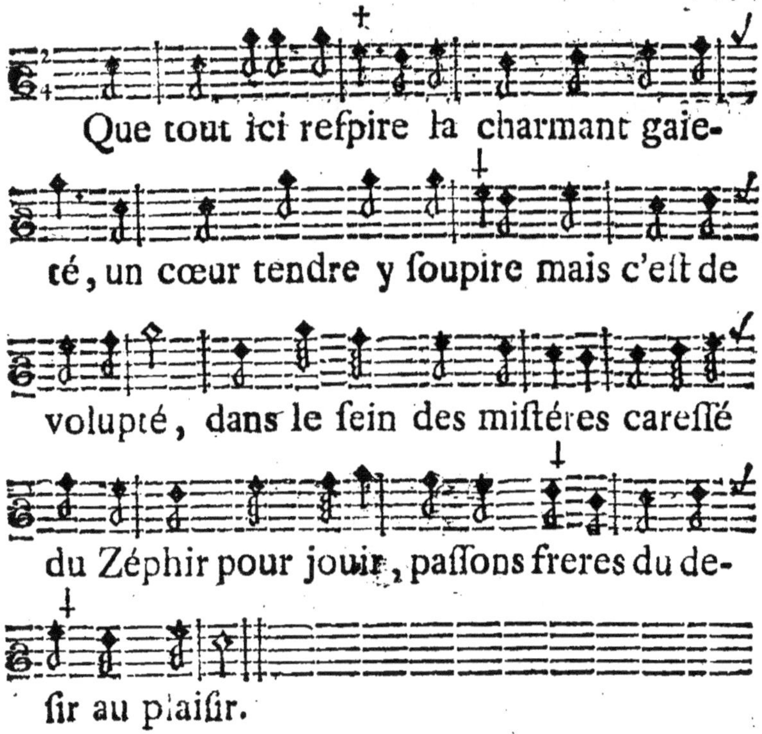

Que l'Enfant de Cithere
Pour charmer nos loifirs;
Par le plus Doux falaire,
Paye tous nos foupirs;

Dans

Dans le fein des mifteres,
Careffé du Zéphir,
　　　　　Pour jouir,
Paffons freres,
Du defir au plaifir.

Que chacun plein de Zele
Et d'Emulation;
Soit cité pour modele,
Dans notre Adoption;
　　Dans le fein des Mifteres, &c.

Buvons, aimons, fans ceffe,
Ufons bien des inftans;
Dans cette double Yvreffe,
Tout âge eft un Printemps;
　　Dans le fein des Mifteres, &c.

Le Paradis terreftre
Que l'on croyoit perdu;
Etoit mis en féqueftre,
Pour nous être rendu:
　　L'Adoption mes freres,
Eft ce lieu de douceur,
　　　　　S'y flateur;
Nos Mifteres,
Font du cœur, le bonheur.

B 4AU.

✳✳✳✳✳✳✳✳✳✳✳✳✳✳✳✳✳✳✳✳✳✳✳✳✳✳✳

CHANSON

par Frere CORBIN: Dediée par les Freres
aux Sœurs de la Loge.

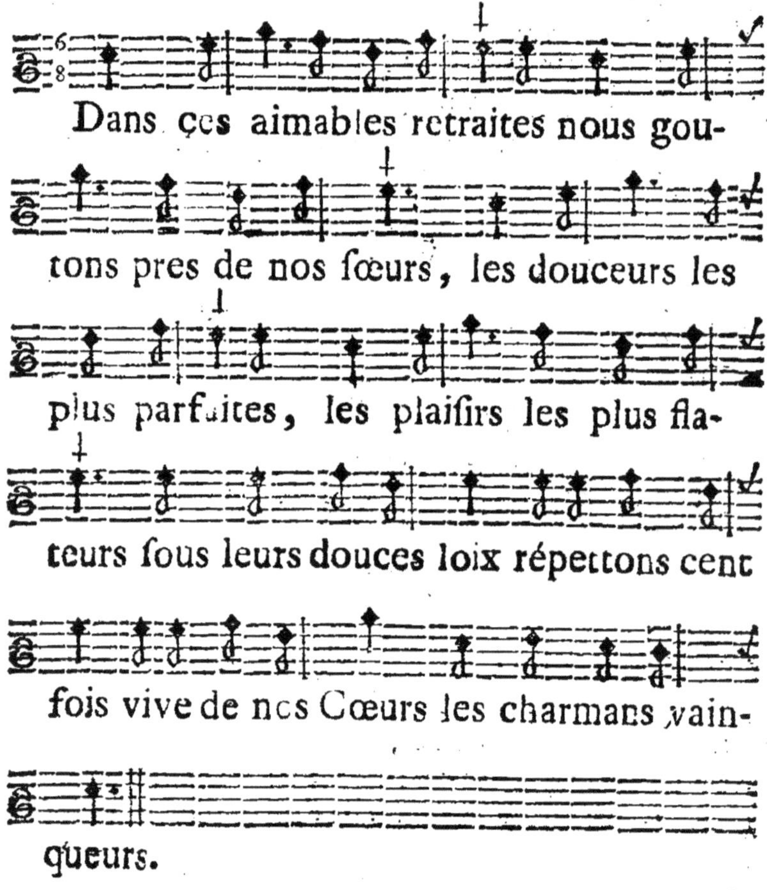

Quels

Quels charmes pour nous mes freres,
De poffeder en ces Lieux,
Des fœurs qui de nos mifteres,
Font le deftin glorieux.
Sous leurs douces Loix,
Répettons cent fois,
Vive de nos cœurs,
Les charmants vainqueurs.

Blamons le deftin contraire,
Qui negligeoit le moment,
D'accorder a la lumière,
Son plus fuperbe ornement.
Sous leurs douces Loix, &c.

Vous que l'amour fit pour plaire,
Aimable fœurs en ce jour,
Accordés a chaque frere,
L'efpoir d'un heureux retour:
Sous vos douces Loix,
Nous dirons cent fois,
Vive de nôs cœurs,
Les charmans vainqueur.

B 5

Que

AUTRE

*En reponſe de la précédente dediée par les Sœurs
aux Freres de la loge, par le même AU-
TEUR.*

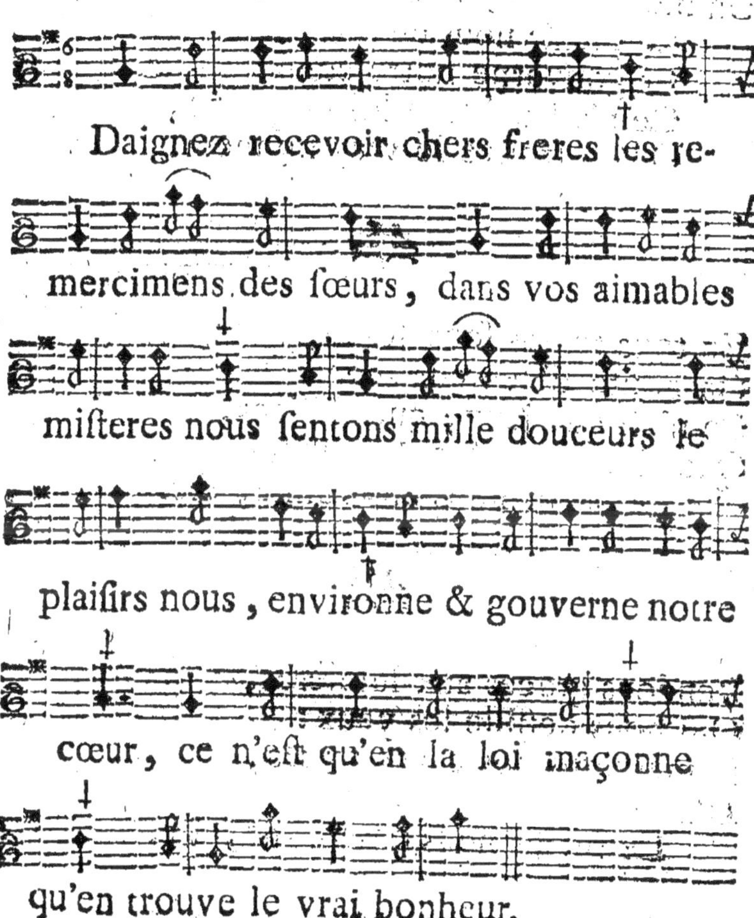

Cet

Cette loy dont la Sageſſe
Fut toujours le fondement;
Accorde a nos vœux ſans ceſſe
Un bien parfait, & charmant:
    Le plaiſir nous environne
    Et gouverne notre cœur:
    Ce n'eſt qu'en la loi maçonne,
    Qu'on trouve le vray bonheur.

En tous temps ſous ſes auſpices
On goute d'heureux moments;
Ce n'eſt que jeux, que délices,
Que charmes, & qu'agremens:
    Le plaiſir nous environne, &c.

En tous temps ſous ſes auſpices

Rendous graces aux lumières,
Qui nous deſſille les yeux:
Remercions nos chers freres,
D'un bienfait ſi précieux
    Le plaiſir nous environne, &c.

Soyons donc toujous enſemble,
Unis en freres & ſœurs;

Que

Que le plaiſir nous raſſemble,
Et guide a jamais nos cœurs :
   Quoique chacun en Raiſonne,
   Chantons tous avec ardeur,
   Ce n'eſt qu'en la loy maçonne,
   Qu'en trouve le vrai bonheur.

STA

STATUTS

par Frere PARMENTIER.

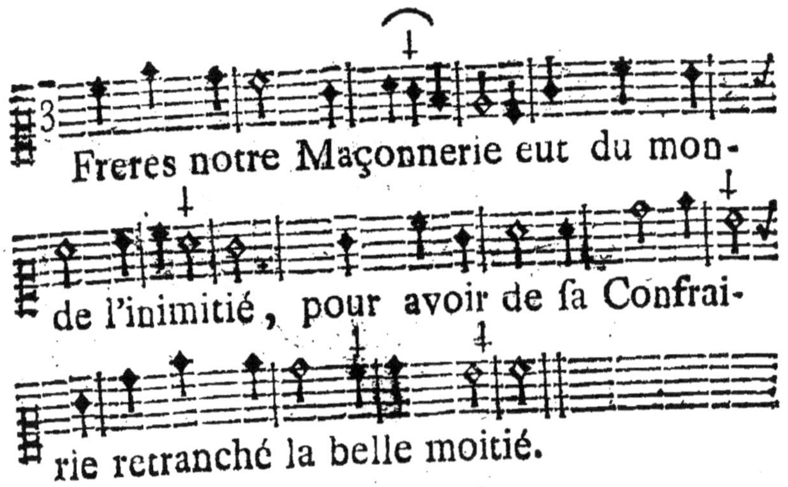

Asséz long - temps sur nos misteres,
Le Sexe fixa son soupçon ;
Eclairé des mêmes lumieres,
Qu'il soit à son tour franc maçon.

Que ce titre nous Justifie,
Qu'il cimente notre union ;

Qu'il

Qu'il ferre le nœud qui nous lie,
Dans l'arche de l'ADOPTION.

A tout maçon, toute maçonne,
Sur cela fraternel falut :
Voici, quoique l'on en raifonne,
De l'ordre quel eft le ftatut.

A nos loix fans que l'on déroge,
Les belles à titre de fœurs,
Seront admifes dans la loge,
Elles en feront les honneurs.

Pour mieux mériter leur préfence,
Bornons nos indifcrets defirs ;
C'eft dans le fein de la Décence
Que l'on goute les vrais plaifirs.

Si le cœur ne peut fe deffendre,
De rendre homage à la Beauté ;
On fera par un regard tendre,
L'aveu de fa captivité.

Les yeux ont un müet langage.
Qui par le cœur est entendu ;
Parler au cœur de la plus sage,
Ce n'est pas blesser sa vertu.

Mais entre nous, point de misteres,
Point de particularité ;
Pensons tout haut comme bons freres,
C'est la loi de Société.

Que le Propos, sans être libre,
Inspire une honnête gaieté ;
Décence servés d'Equilibre,
Embelliśśéz la volupté.

Gardons nous surtout de médire,
Et lorsque nous serons entrain,
Même en disant le mot pour rire,
Ménagéons toujours le prochain.

Ca,

Cachons les fautes de nos freres,
Les révéler c'est vanité;
Voilons les humaines miseres,
Du manteau de fraternité.

Quelque fois la vérité blesse,
Pour éviter ces pas gliffans,
Menageons avec politeffe,
Les abfens, comme les prefens.

Chofe affés difficile à faire,
Pour ne jamais nous égarer,
Sachons nous parler, & nous taire
On ne doit pas trop fe livrer.

Remplis d'égards pour la nobleffe,
Sans détruire l'égalité;
Réfpectons ici fans baffeffe,
La naiffance & la qualité.

CSans

Sans oublier ce que nous fommes,
Que tous les rangs foient confondus ;
Soyons maçons, foyons des hommes,
Que nos titres, foient nos Vertus.

Grands profités de l'avantage,
De pouvoir vous communiquer,
Petits faites un bon ufage,
De l'honneur de les pratiquer.

Dans nos loges fi d'avanture,
Quelqu'un falliffoit fes Difcours,
Par la moindre petite ordure,
Banniffons le pour quinze jours.

Que fi ces peïnes redoublées
Sur lui ne font aucun effet ;
Par les fœurs en loge affemblées,
Il faut que fon procés foit fait.

Mêlons les tendres chanſonnettes,
Et les bons mots, dans nos repas;
Buvons raſade aux amourettes,
Mais pourtant ne nous griſons pas.

Que ſi par malheur quelque frere
Venoit a perdre la raiſon;
Prenant pitié de ſa miſere,
Remenons - le dans ſa maiſon.

Entre nous mes freres qu'à table
Chacun boive à ſa volonté;
Les plaiſirs n'ont rien d'agréable,
Qu'autant qu'on a de liberté.

Ne faiſons jamais violence,
A ceux qui refuſent du Vin;
Ils en font bien la pénitence,
S'ils n'aiment pas ce jus Divin.

　　　　　　　POUR

Pour sceler plus gayement mes freres,
Les loix de la Societé ;
Armés vous chacun de vos verres,
Je vais porter une santé.

Chacun ici remplit son verre, & attend l'ordre.

C'est avous que nous allons boire,
Sexe aimable & toujours vainqueur ;
Si nos desirs font votre gloire,
Nos plaisirs font votre bonheur.

Les freres boivent tous en ordre
Ensuite les sœurs Remercient.

CHAN-

CHANSON

par Frere PARMENTIER:

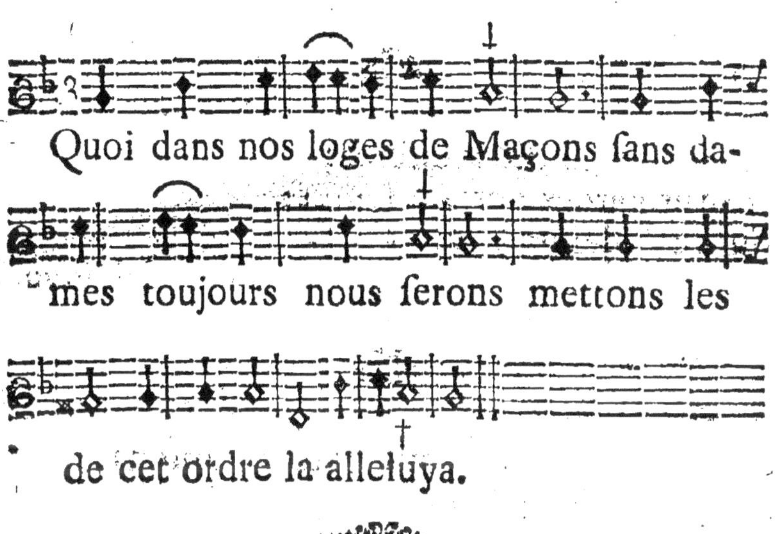

Au Beau Sexe donnons nos voix,
Et fuivons tous ces douces loix,
La gaieté chez nous renaitra,

              Alleluya.

Eft il amufement fans lui,
Qui ne dégénére en ennui ?
Sa préfence y Remédiera,

              Alleluya.

Il a de l'émutation ;
Des travaux de l'ADOPTION,
Mieux que nous il se tirera,

Alleluya.

A tort on le dit indiscret ;
Il sçait garder certain secret ;
Sur ses plaisirs, il se taira,

Alleluya.

Mes sœurs quand nous vous Adoptons,
A nos plaisirs nous travaillons ;
Sans vous nul maçon ne dira,

Alleluya.

Vous avés les vœux des mortels ;
Que leurs cœurs vous servent d'autels ;
Un pur encens y brulera,

Alleluya.

Au

Au sein de la fraternité,
Il est un cap de volupté;
Trop heureux qui le doublera,

        Alleluya.

Faites nous gouter ces douceurs,
Prix charmant de telles ardeurs;
Le cœur vous les répettera,

        Alleluya.

Cédés à nos tendres desirs,
Partagés nos secrets plaisirs;
Le mistére les voilera,

        Alleluya.

Mes

AUTRE

par Frere PARMENTIER.

Venés riante jeuneſſe,
Près de nos aimables ſœurs ;

Venés

Venés gouter les douceurs,
De la plus charmante yvresse;
L'amour dans leurs yeux vainqueurs,
Mit sa fléche vengeresse;
L'amour dans leurs yeux vainqueurs,
Est assuré de nos cœurs.

Le Zéphir qui les caresse;
Fait la fraicheur de leur teint;
La Décence est dans leur sein,
Dans leurs yeux la gentillesse;
L'amour siége sans façon,
Sur leur bouche enchanteresse;
Et par sa tendre leçon,
Rend notre cœur bon maçon.

C'est dans la délicatesse,
Que l'on goute un vrai bonheur;
L'amour dans un jeune cœur,
Peut il étre une foiblesse;
Dans les yeux de chaque sœur,
C'est la vertu qui nous blesse;
Dans les yeux de chaque sœur,
Elle allume notre ardeur.

C 5

Cha-

Chacun choisit sa déesse,
Chez nous à sa volonté;
Sous les traits de la beauté,
Je prise fort la sagesse;
Mais la douce volupté,
Près de nos sœurs m'interresse:
Pour moi c'est la déité,
De notre fraternité.   (*fin.*)

PRON.

P R O N D E

par *Frere* CORBIN.

Ce

Ce n'eft que jeu, qu'agrément,
Dans ces paifibles retraites;
Ce n'eft que Jeu, qu'agrément,
Que plaifir, qu'amufement.
    Le Sexe en fait l'ornement;
    Et l'amour ce Dieu charmant,
    Des douceurs les plus parfaites,
    Nous promet l'heureux moment.
Ce n'eft que Jeu, qu'agrément, &c. Da capo.

Ici les freres & fœurs,
Se livrent a la tendreffe;
Ici, les freres & fœurs,
Brulent des mêmes ardeurs.
    Profanes jamais vos cœurs,
    De ces Inftans fi flateurs,
    Et de cette aimable yvreffe,
    Ne gouterons les douceurs.
Ici les freres & fœurs, &c. Da capo.

Le tumulte & le fracas,
Sont bannis de nos Aziles;
Le tumulte & le fracas,
N'ont pour nous aucun apas.
    Nous aimons que nos Ebats,

Ne

Ne faſſent jamais d'Eclats ;
Et que des plaiſirs tranquiles ,
Regnent juſqu'en nos repas.
Le tumulte & le fracas , &c. Da capo.

Vive la tendre union ,
Que procure ce miſtere ;
Vive la tendre union ,
De l'Auguſte ADOPTION.
    Pour ſa ſœur chaque maçon ,
    Eſt toujours en action :
    Et chaque ſœur de ſon frére ,
    Fait la ſatisfaction.
Vive la tendre union , &c. Da capo.

CHAN.

CHANSON

par Frere CORBIN.

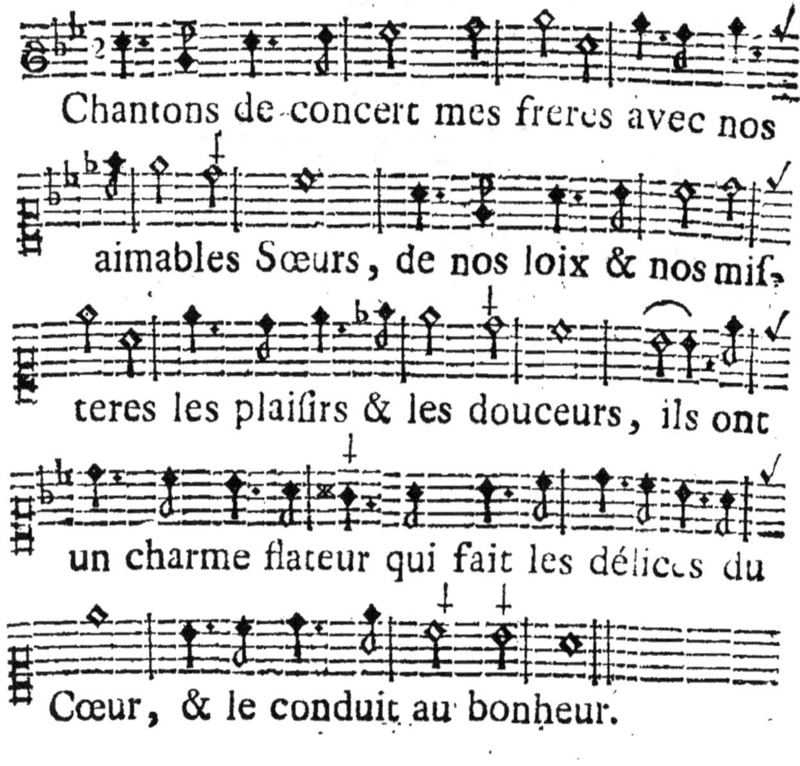

Pour gouter le bien fuprême
On tendent tous nos defirs ;
Remplis d'une ardeur extrême,

Livrons nous a ſes plaiſirs.
    Saiſiſſons ces doux inſtans,
    Qui par leurs attraits ſéduiſans,
    Savent en - yvrer nos ſens.

Tous vos plaiſirs ſont les notres,
Sexe charmant et vainqueur;
Que nos deſirs ſoient les votres,
Dans ce ſéjour enchanteur :
    Travaillons tous d'action
    Pour mieux cimenter l'union
    De l'aimable Adoption.

Noe ce bon Patriarche
Très digne & parfait maçon,
Par le ſecours de ſon Arche,
Conſerva l'Adoption.
    Pour en empêcher la fin,
    Ce Patron maçonna ſi bien,
    Qu'il fit mentir le deſtin.

Comme Enfans de ce bon Pere,
Profitans de ſes leçons;
Dans notre Arche ſalutaire,
Tous a l'envi maçonnons;
    Et de la fraternité,
    Pour faire la félicité,
    Banniſſons l'oiſiveté.

A U-

AUTRE

Sur le même Air par le Frere PAR-
MENTIER.

Ici LA VERTU RIANTE,
Eſt Mere de la GAIETE;
Chaque Muſe auſſi la chante
C'eſt notre DIVINITE:
    Mais plus d'une DEITE,
    Doit faire la félicité,
    De notre FRATERNITE.

L'aimable enfant de Cythère,
Veut ſeul en avoir l'honneur;
Sous le voile du miſtere,
Fixés, dit il, le bonheur.
    C'eſt dans mes tendres ardeurs,
    Que ſont les ſeuls plaiſirs flateurs,
    Et le doux charme des cœurs.

L'atrayant DIEU de la treille,
Sablant de ſon Elixir,
Soutient que dans ſa Bouteille,
Réſide le vrai plaiſir:

Que

Que pour fuir un vain defir,
Souvent fujet au repentir,
C'eft fon jus qu'il faut choifir.

Le Dieu de la bonne chere,
Vient fe mettre fur les rangs ;
Il n'eft d'heureux fur la terre,
Que mes joyeux partifans :
C'eft dans mes feftins frians,
Qu'on goute les plus doux momens,
Faites en vos paffe-tems.

Dans ce féjour délectable
Ufons fagement de tout ;
Que l'amour, le vin, la table,
Tour, a tour flatent le gout :
Au fein d'un trio s'y doux,
Nous ferons malgré nos jaloux,
Les calotins les moins fous.

D   Quand

AUTRE

par *Frere* CORBIN.

port.

Pro-

Profanes qui fans nous connaître,
Ofés blamer nos Actions;
Par la vous vous flatés peut-être,
Qu'un jour nous les divulguerons:
Détrompés vous peuple ftupide,
Votre éfpoir n'eft pas de faifon;
Chez vous le Caprice décide;
Chez nous c'eft la feule raifon.

Sous nos loix tout eft admirable,
On n'y réfpire que plaifirs;
Un bien pur, & toujours durable,
Met le comble à tous nos defirs:
La fœur eft faite pour le frere,
Le frere pour aimer la Sœur;
Tous deux dans le fein du miftere,
Goutent le fuprême bonheur.

Dans notre ARCHE mifterieufe,
Le charmant féjour de la PAIX;
On joüit d'une vie heureufe,
Sans amertume & fans regrèts:
Du fecret d'un fi BEAU MISTERE,
Qui forme entre nous l'union,
A qui devons nous la LUMIERE,
C'eft à l'aimable ADOPTION.

D 2

Chez

Chez nous point de langue indiscrette
Point d'orgueil, point d'ambition ;
Avec ardeur, chacun, souhaite,
D'être au point DU PARFAIT MAÇON,
Nous posſédons l'art de nous taire,
LA PRUDENCE régle nos mœurs ;
Par tout LA RAISON nous éclaire,
Et LA VERTU, conduit nos cœurs.

AUTRE

par Frere CORBIN.

L'Ai-

L'aimable liberté,
Qui poúr nous s'intereſſe,
Dans notre ARCHE ſans ceſſe,
Conduit la volupté ;
Les jeux & les plaiſirs,
A nos vœux, tout ſuccède,
Tout s'y ſoumet, tout Céde,
A nos ardens deſirs.

Des plus vives ardeurs,
LE DIEU de la tendreſſe,
Par la délicateſſe,
Sçait enflamer nos cœurs ;
C'eſt lui qui nous conduit,
Son flambeau nous éclaire,
Tout eſt pour nous Cythêre
Où ſa clarté nous luit.

Si nous faiſons un choix,
Nous ſuivons LA NATURE ;
C'eſt d'elle & D'EPICURE
Que nous prenons des loix ;
Des plus purs ſentimens,
Ils rempliſſent nos âmes,
Ils allument nos fiâmes
Et gouvernent nos ſens.

Il s'offre à nos regards
Dans ce lieu solitaire.
LA REINE DE CYTHERE
ET L'ILLUSTRE DIEU MARS;
Adreſſons leurs nos vœux
Notre encens, notre hommage,
Que nos cœurs ſoient le gage,
De notre Amour pour eux.

AUTRE

par le Frere CORBIN.

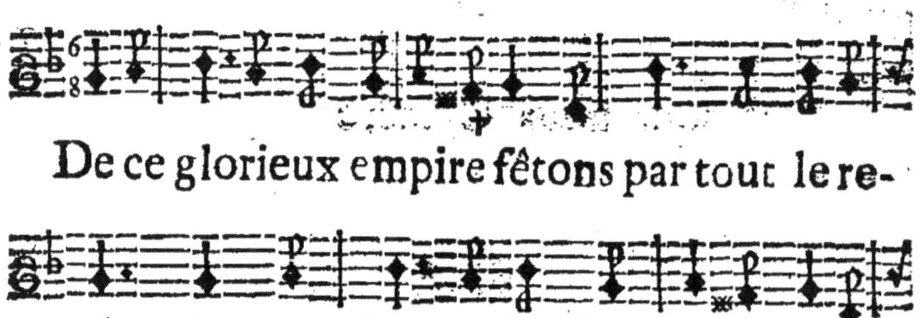

n'y

Nous feuls goutons de la vie,
Les charmes, & les douceurs;
La difcorde n'y l'envie,
Ne peuvent rien fur nos cœurs;
Ici tout comme à Cythêre
L'amour remplit nos fouhaits,
Et l'on n'y fait point miftere,
D'être bleſſé de ſes traits.

Envain le peuple murmure,
Contre nos amuſemens;
Nous rions de ſa Cenfure,
Elle fait nos paſſe-tems:
Ici tout, &c.

VENUS par de nouveaux charmes
Brille toûjours à nos yeux;
Le DIEU MARS lui rend les armes,

Et

& l'accompagne en ces lieux.
Ici tout, &c.

La gaieté regne en nos ames,
Le plaifir, guide nos fens;
Nous brûlons des mêmes flames,
Et nous fommes tous contens;
Ici tout comme à Cythêre,
L'amour remplit nos fouhaits;
Et l'on n'y fait point miftere,
D'être bleffé de fes traits.

F I N